手首を温めるラトビア伝統ニットの編み方と模様

Mauči

手編みのマウチ

ビーズを編み込むリストウォーマー

LIEPA

誠文堂新光社

Contents

マウチのはなし	5
お日さまのマウチ	6
バラのマウチ	7
マーラス・クルスツのマウチ	8
文様3種のマウチ	10
アウセクリスのマウチ	11
ビーズスカラップの創作マウチ	12
ユミスとマーラス・クルスツのマウチ	14
ザルクティスのマウチ	15
創作文様のマウチ	16
クロスとサウレのマウチ	17
メーネス・クルスツのマウチ	18
お日さまとジグザグのマウチ	20
サウレとマーラのマウチ	22
ウグンスクルスツのマウチ	23
バラのロングマウチ	24
スリーパイス・クルスツの3Dマウチ	26
センターサウレのマウチ	27
アウセクリスのアレンジマウチ	28
マウチを編むための基礎テクニック	30
代替ビーズの一覧	37

Column

ラトビアで出会った マウチの作り手たち	38

How to make 42

ラトビアの文様	78
編み目記号&編み方	79

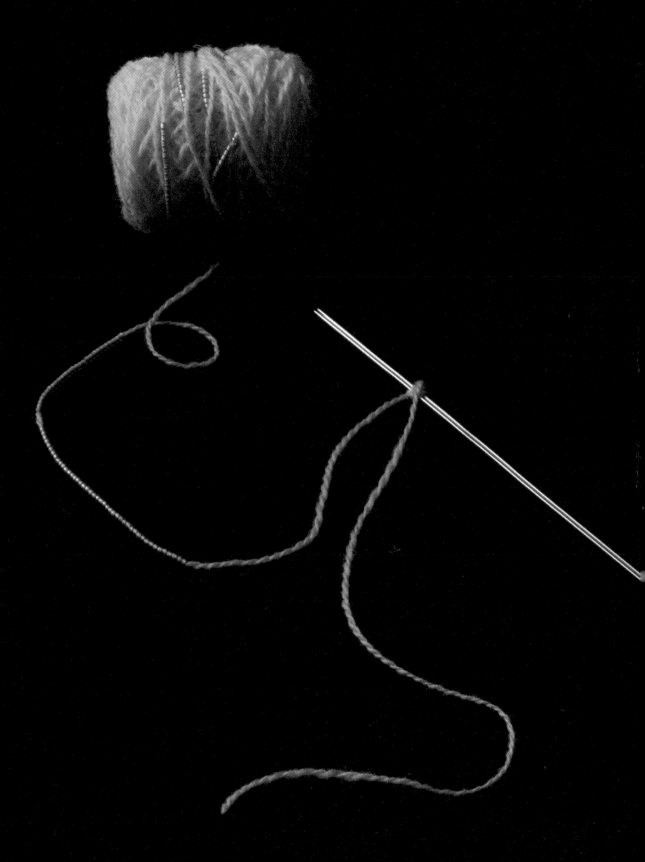

マウチのはなし
[*Mauči*]

　ヨーロッパ北東部・バルト三国の中央に位置する、ラトビア。ラトビアは織物や木工、陶芸などさまざまな手仕事を尊び、なかでも色鮮やかな編み込みミトンは至宝と称えられるほど編み物が暮らしに根づいた国です。

　そんなラトビアには、ミトンだけではなく、人々に愛されてきたもう一つの「美しい編み小物」が残されていました。マウチ／Maučiと呼ばれる、手編みのリストウォーマーです。編み地にラトビアならではの文様や模様がビーズで編み入れられている、とても手の込んだアイテムです。20世紀にはラトビア全土で知られ、古いものは貿易が盛んだった西部のクルゼメ地方を中心に多く見ることができます。当時、日常着だったリネンシャツには手首にカフスのないものが多く、隙間の空いた袖口から入る冷気を防ぐためにマウチを身につけていたそうです。

　美しいマウチは実用的な防寒具としてだけでなく、装飾品としての役割も果たしてきました。最近ではファッションアイテムとしての価値もあらためて高く評価されています。手袋とは違い、屋外・屋内を問わず、ずっと着用できるので、少し肌寒い季節はもちろん、夏の冷房が効いた場所でも重宝します。繊細な編み地と上質なビーズの輝き。重厚なコートや何げないシャツの袖口からチラリと覗くマウチは、奥ゆかしくも圧倒的な存在感があり、出会う人の目を惹きつけることでしょう。

　本書ではすべてラトビアで編まれた作品を紹介しています。そのため、材料に記した毛糸やビーズは目安になりますが、自分好みの素材を見つけていく作業を含め、「編む」ことを楽しんでいただけたらうれしいです。

お日さまのマウチ

ロゼッタのような花柄のサウレを並べたマウチ。サウレは太陽を表す文様で、生命のエネルギーの象徴とされています。
制作 ▶ *Lāsma Šembela*　*How to make* ▶ *P.44*

赤いバラを描いたエレガントなマウチ。ラトビアの西部・クルゼメ地方を中心に、ミトンなどでもよく使われる模様です。

制作 ▶ *Lāsma Šembela*　*How to make* ▶ *P.46*

バラのマウチ

マーラス・クルスツのマウチ

幸せを運ぶといわれる十字が重なったマーラス・クルスツ（マーラの十字）のマウチ。規則的な総柄です。
制作 ▶ *Lāsma Šembela*　*How to make* ▶ *P.48*

文様3種のマウチ

2つの十字を重ねたマーラス・クルスツに、銀青のビーズで描いたユミス(P.78)と十字を組み合わせたマウチ。
制作 ▶ *Agra Vaitkusa*　*How to make* ▶ P.50

明けの明星・アウセクリスの文様を精細にアレンジしたマウチ。この文様は悪しきものをはらう力があるといわれています。
制作 ▶ *Agra Vaitkusa*　*How to make* ▶ *P.52*

アウセクリスのマウチ

ビーズスカラップの創作マウチ

ラトビアに先住していたリーブ人の民族衣装は濃紺に真鍮の装飾具。その配色を彷彿とさせる創作マウチです。
制作 ▶ Guna Uldrike　How to make ▶ P.66

ユミスとマーラス・クルスツのマウチ

織りベルトなどにも使われる連続柄に隠れているのは豊穣神・ユミスの文様。マーラの十字と組み合わせて。
制作 ▶ *Agra Vaitkusa* *How to make* ▶ *P.54*

中心に配置したS字のような文様は、知恵の象徴といわれる蛇を表すザルクティス。グレー系のスタイリッシュな配色です。
制作 ▶ *Guna Uldriķe*　*How to make* ▶ *P.68*

ザルクティスのマウチ

15

創作文様のマウチ

メタリックなビーズで華やかに仕上げた太陽の文様・サウレ風のマウチ。大輪の花のようなデザインが印象的。
制作 ▶ *Guna Uldriķe*　　*How to make* ▶ *P.56*

クロスとサウレのマウチ

十字のクロスと正方形のサウレを規則的に配置したマウチ。コーディネートしやすいテキスタイル風のモダンなデザインです。

制作 ▶ Agra Vaitkusa　How to make ▶ P.64

17

月の神様・メーネスの文様のマウチ。4つ組み合わせたものは月の十字とも呼ばれます。
制作 ▶ *Guna Uldriķe*　*How to make* ▶ *P.77*

メーネス・クルスツのマウチ

19

お日さまとジグザグのマウチ

コロコロ並ぶお日さまがかわいいマウチ。シンプルな丸もサウレ（太陽）の文様です。

制作 ▶ *Agra Vaitkusa*　*How to make* ▶ *P.58*

サウレとマーラのマウチ

上下のジグザグ模様は女性と子どもを守護する女神・マーラの文様。中央の菱形はサウレを表す文様の一つです。
制作 ▶ *Guna Uldriķe*　*How to make* ▶ *P.70*

ウグンスクルスツは雷を表す鉤十字の文様。幸福や繁栄の象徴で、邪気から身を守るため、装飾具などに用いられました。
制作 ▶ *Guna Uldrike*　*How to make* ▶ *P.72*

ウグンスクルスツのマウチ

オーロラ加工のビーズでニュアンスをつけたバラのマウチ。ハンドウォーマーとしても使える長めの丈です。
制作 ▶ *Guna Uldriķe*　*How to make* ▶ *P.74*

バラのロングマウチ

スリーパイス・クルスツの3Dマウチ

四角の重なりのなかから浮かび上がる3D風のスリーパイス・クルスツ。動的な力を表す斜め十字の文様です。
制作 ▶ *Guna Uldriķe*　How to make ▶ *P.60*

太陽(菱形のサウレ)とまわりの宇宙を表現したマウチ。中央から四方に広がる光の力強さを感じます。

制作 ▶ *Guna Uldriķe*　*How to make* ▶ *P.76*

センターサウレのマウチ

淡いピンクでまとめた愛らしいマウチ。花のようにデザインされたアウセクリスの文様が新鮮です。
制作 ▶ *Agra Vaitkusa*　*How to make* ▶ *P.62*

アウセクリスのアレンジマウチ

Basic technique
マウチを編むための基礎テクニック

主な材料と道具

毛糸
太さは極細〜合細を目安とし、使用するビーズが通るか、通ってもビーズに対して細すぎないかを確認してから使います。糸を選んだら必ず試し編みをして、ゲージを確認しから編み始めましょう。作品ではウール糸を使用しています。

ビーズ
作品に合わせて、丸小〜丸大ビーズを使い分けます。本書の作品はラトビアで販売されているビーズを使用しているため、日本で手に入りやすいものをP.37で紹介しています。選ぶ際は使用する糸が通るかも必ず確認しましょう。

編み針
直径1.25〜1.6mmを作品に合わせてを使い分けます。試し編みをして、作品のゲージより大きい／小さい場合は、針の太さを細く／太くして調節します。写真はビーズ編み針　ロング(直径1.3mm、長さ20cm)／チューリップ(問P.80)

ビーズの通し方

❋ 基本の通し方

ビーズ針に毛糸を通し、針先でビーズを拾って毛糸側へ移します。単色の場合は、必要な個数より少し多めに通しておくと安心です。(写真は丸小ビーズとパピー／ニュー3plyを使用)

＊編んでいる途中でビーズの数の間違いに気づいたら、多い場合はペンチなどでビーズを割って取り除き、少ない場合は糸を切ってビーズを追加してから編みます。

❋ 穴の小さいビーズの場合

ビーズ針に木綿糸などを通し、長い方の糸端を毛糸の先端と手芸用接着剤でつけます。しっかり乾いたら、針先でビーズを拾い、毛糸側へ移していきます。糸同士の境目がなめらかになるので、ビーズの移動がスムーズになります。

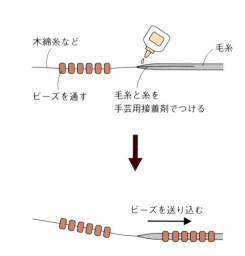

編み図の見方　ガーター編み2段で1畝とします

編み図ではガーター編み2段を1畝と数え、1マスで表記しています。奇数段(表の段)はすべて表目で編み、偶数段(裏の段)は丸印の位置にビーズを編み入れます。

メーネス・クルスツのマウチの1模様

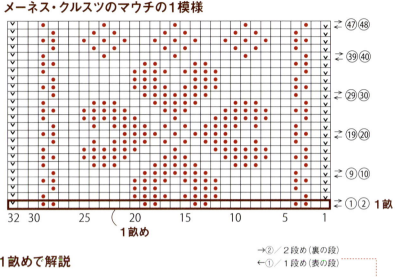

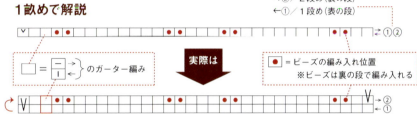

編む前の下準備

試し編みをします

制作用の糸とビーズを選んだら、最初に少量のビーズを通した糸で試し編みをします。作品を編むためのビーズは、指定のゲージと合うかを確認してからあらためて通しましょう。この作業によって糸やビーズに変更が出た時、ビーズを通し直す手間を防げます。

試し編みが済んでから糸にビーズを通します

糸とビーズが決まったら、作品制作用のビーズを糸に通します。通すビーズは、編み図の編み終わり側から矢印のように数えていき、ビーズの色を配色順に替えながら、必要な個数を毛糸に通していきます。本書では右下の図のように通す順番を記しています。

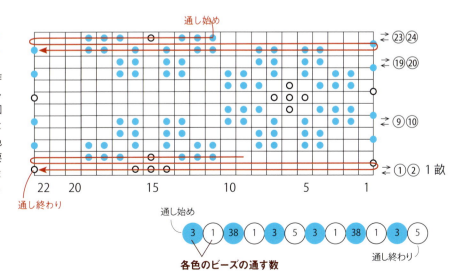

Lesson

基本のマウチの編み方　メーネス・クルスツのマウチ　編み図▶P.77

マウチの編み方にはさまざまな方法がありますが、ここではやさしくてわかりやすいものを紹介します。

❋ 作り目（1段め）

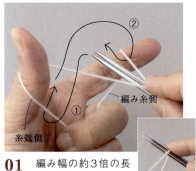

01 編み幅の約3倍の長さの糸端を残し、針2本の上に糸をのせて押さえる。写真のようにかまえ、針で手前の糸をすくう①。

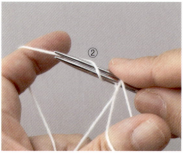

02 次に奥の糸をすくう②。

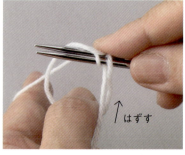

03 親指にかかった糸をはずす。

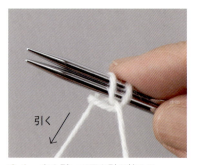

04 糸を引いて目を引き締める。

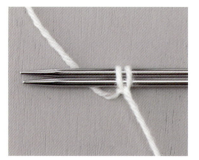

05 最初の2目ができた。同様に繰り返し、必要な目数の作り目をする。作り目ができたら針を1本はずし、編み地を返す。

＊この作り目は、最初にノットを作らないので編み地の角がなめらかに仕上がります。編み方としては、一般的な「指でかける作り目」で作り目をしても問題ありません。

❋ 1目めをすべり目にします

Point!
毎段、1目めはすべり目にします

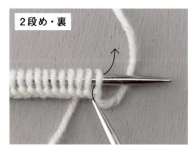

06 2段めの1目めは矢印のように針を入れ、そのまま編まずに右針へ移す。

07 すべり目が1目できた。

08 続けて、ビーズを編み入れる位置まで表目を編む。

❁ ビーズを編み入れます

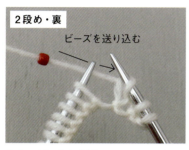

09 編み入れ位置まできたら、ビーズを1個送り込む。

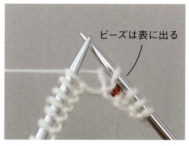

10 表目を編む。

11 指定の位置にビーズを編み入れながら、編み図どおりに最後まで編む。

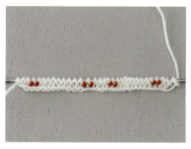

12 2段めを表に返したところ。表にビーズが並んでいる。

13 3段めは1目めを06、07と同様にすべり目にする。残りの目をすべて表目で編む。

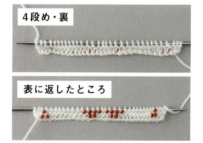

14 4段めは2段めと同じ要領で、1目めをすべり目にし、編み図どおりにビーズを編み入れながら最後まで編む。表に返すと2畝めのビーズが並んでいる。

❁ 伏せ止めにします

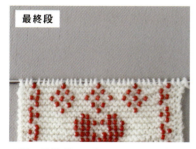

15 最終段まで編み図どおりに編み、表に返す。

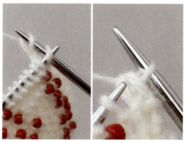

16 表目を2目編み、2目めに1目めをかぶせる。次からは編んだ目に前の目をかぶせて目を伏せる。

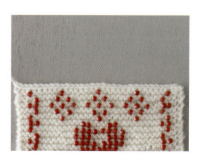

17 伏せ止めができた。

❋ はぎ合わせます

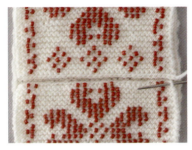

18 編み地を外表に折り、作り目側と編み終わり側の端をつき合わせる。編み終わりの糸端をとじ針に通し、作り目側の端の目をすくう。

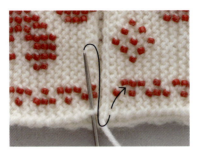

19 編み終わり側の端の目をすくって糸を引き、端同士をきちんと揃える。

＊これは一番簡単なはぎ合わせ方法です。編み終わりを伏せ止めしているので、すくう目を飛ばしても編み目がほどける心配がありません。他にも「ガーターはぎ」やかぎ針を使った「かぶせはぎ」などで仕上げてもOKです。

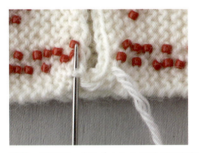

20 続けて、1目ずつ左右の端の目を交互にすくってはいでいく。

21 すべてはぎ合わせたところ。

❋ 糸始末をします

22 編み地を裏へ返す。糸端ははいできた方向へ戻るように数目すくって糸を隠す。余分な糸を切る。

途中で糸をつけ直した場合

ビーズの数の調整や糸の絡まりなどで糸を途中で切ったときは、2本の糸端を少し長めに残しておき、すべて編み終わってから糸端同士を交差させ、とじ針に通して編んできた方向へ戻るように編み目にくぐらせます。結ばずに糸始末するのがコツです。

Point process 1

ビーズのピコットの編み方

編み地の端をビーズで飾る方法です。編み地を返すときにビーズを送り込んで編みます。

編み図 ●=ビーズの編み入れ位置

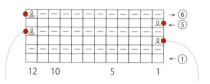

偶数段の1目めを編むときに入れる　　奇数段の1目めを編むときに入れる

ビーズのピコット

01 編み地を返したら、ビーズを1個送り込む。

02 1目めをねじり目で編む。
※ビーズのピコットを編む場合は端の目をすべらせない。

03 ビーズのピコットができた。

04 編み図どおりに最後まで編む。

05 編み地を返して、01〜03と同様にビーズのピコットを編む。

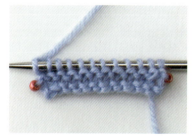

06 編み地の両端にビーズのピコットができたところ。

❊ ビーズ1個の場合

マウチの縁にビーズが並ぶ。

❊ ビーズ3個の場合

ビーズがゆるまないように糸をしっかり引いて編む。

Point process 2
ビーズのスカラップの編み方　ビーズスカラップの創作マウチ　編み図▶P.67

編み始めの数段で、扇状のビーズのスカラップを作る編み方です。他のマウチとは違い、輪編みのガーター編みで仕上げます。

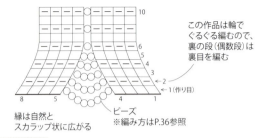

縁は自然とスカラップ状に広がる　ビーズ　※編み方はP.36参照

この作品は輪でぐるぐる編むので、裏の段（偶数段）は裏目を編む

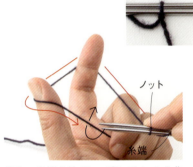

01 糸端を約15cm残してノットを作り、針2本にかける。赤の矢印のように糸を左手にかけ、針で手前の糸をすくう。

02 続けて、向こう側の糸をすくい、親指にかかった糸をはずす。

03 巻き目の作り目の2目めができた。糸を引いて目を引き締める。

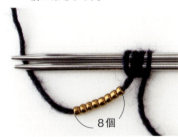

04 編み図どおりに作り目をしたら、スカラップ位置でビーズを送り込む（1段めは8個）。

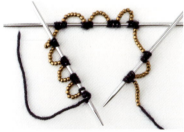

05 作り目4目・ビーズ8個を送り込むのを最後まで繰り返したら、作り目を3本の針に分ける。

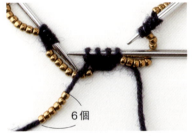

06 2段めの最初の4目を裏目で編み、編み地を輪にする。ビーズを6個送り込む。

07 次の裏目を4目編む。06、07を繰り返す。

08 同じ要領で、各段で送り込むビーズの数を減らしながら、編み図どおりに編む。

6段め以降は指定の位置でビーズを1個ずつ編み入れながら、輪編みのガーター編みを編む。

代替ビーズの一覧

お日さまのマウチ
透明銀：丸大_21
青：丸小_116

バラのマウチ
濃赤：丸小_25D
透明銀：丸小_21
　　　　丸大_21
赤：丸小_25C
緑：丸小_108BD

マーラス・クルスツの
マウチ
透明茶：丸小_34
金：丸小_22B
緑：丸小_27B

文様3種のマウチ
茶：丸小_564F
銀青：丸小_81
黒：丸大_49

アウセクリスのマウチ
茶：丸小_2154S
緑：丸小_939
深緑：丸小_7BD
黄緑：丸小_7

ビーズスカラップの
創作マウチ
金：丸大_221

ユミスとマーラス・
クルスツのマウチ
緑：丸小_27BD
銀青：丸小_81
あずき：丸小_26C
黒：丸小_49

ザルクティスのマウチ
銀青：丸小_81

創作文様のマウチ
赤：丸小_25C
金：丸小_22
緑：丸小_36

クロスとサウレのマウチ
銀：丸小_282
透明茶：丸小_34

メーネス・クルスツの
マウチ
濃赤：丸小_25D

お日さまとジグザグの
マウチ
赤：丸小_405
黒：丸小_49
緑：丸小_36

サウレとマーラのマウチ
茶：丸小_564F

ウグンスクルスツの
マウチ
白：丸大_121

バラのロングマウチ
玉虫：丸小_509

スリーパイス・クルスツ
の3Dマウチ
青：丸小_8
濃赤：丸小_25D

センターサウレのマウチ
青緑：丸小_7BDF

アウセクリスの
アレンジマウチ
ピンク：丸小_125
緑：丸小_508
濃ピンク：丸大_2113

＊表記は色名：大きさ_TOHOビーズの色番号。
＊本書の作品はラトビアで販売されているビーズを使用しています。そのため、このページでは日本で材料を探すときの目安になる、おおよその代替例を紹介しています。色やサイズに若干の違いがありますので、あらかじめご了承ください。

問い合わせ先／トーホー株式会社（P.80）

37

Column
ラトビアで出会ったマウチの作り手たち

Dace Nasteviča
ダツェ ナステヴィチャさん

民族音楽の学者でもあるダツェさんはマウチ編みの第一人者。1983年に、ラトビアの手仕事の歴史に埋もれかけていたマウチに出合いました。編みたいと切望したものの、作り方を知る人が誰もいなかったので、天命だと感じて自分で編み方を模索したそうです。ダツェさんのアトリエにはそこかしこに時間をかけて編まれてきた作品がありました。「暖かくて実用的なマウチですが、何よりもまずそこには美しさがあります。自分や大切な人への麗しい贈り物として、とにかく編んでみてください。毛糸やビーズの色だけでなく、柄も選びましょう。文様はエネルギーを与えてくれるはずです」と語ってくれました。

1 大切に保管された何十組ものマウチ。2 大きな窓の向こうに緑が広がる気持ちのいいアトリエ。3 著書の見返しページを飾る作品の実物。4 マウチのテクニックを応用して制作した大判のショール。

Technique

端に鎖目が並ぶ
ガーター編みの編み方

ダツェさんが作品を編むときに使っているガーター編みの編み方です。編み地の両端に鎖目が並びます。基本のマウチを編むときのすべり目との違いもお楽しみください。

手ほどきを見せてもらった完成間近のマウチ。

自作のパターン図集を見せてくれるダツェさん。

01 1目めに右から左へ針を入れ、そのまま編まずに右針へ移す。

02 目を移したところ。

03 最後の1目手前まで、編み図のとおりに編む。

04 編み糸を手前にして、裏目を編む。

05 最後の目を裏目で編んだところ。01〜05を毎段、繰り返す。

Guna Uldriķe
グナ ウルドリキェさん

14歳で編み物を始めたというグナさん。マウチ編みは、民族の価値観と手仕事へ立ち戻る行為だと考えています。マウチに魅せられて、はや15年。休むことなく常に手は動き、頭ではパターンやビーズ、色を巧妙に組み合わせる方法を考え、古代の編み物の技術と現代のセンスの融合を試みているそうです。

自宅の一角にしつらえたアトリエコーナーに座るグナさん。

居心地のよい自宅には家具職人であるご主人のヤーニスさんが制作したテーブルと椅子が。

制作の都度、編み地の端の細部まで試行錯誤している。

Agra Vaitkusa
アグラ ヴァイトゥクサさん

工芸芸術専門学校を卒業したアグラさんは、実をいうと織物の名手。機織り職人として民芸市に30年も参加しています。ここ10年は夜にリラクゼーションとして編み物に取り組んでいて、特にマウチ編みと文様のパターン図を描くことにはまっているそうです。

ブースには端正なマウチのほかに、美しいさまざまな織物が並んでいた。

友人のザイガさんと一緒に民芸市に出店していたアグラさん(右)。

Gita Jaunsproģe
ギタ ヤウンスプルアギェさん

子どもの頃からお母さまやおばあさまから編み物を教わっていたというギタさんは、家庭科の先生として25年間、女子生徒たちに裁縫、編み物、料理を教えていました。あらゆる手芸が得意なギタさんですが、最初にマウチを見た2010年以来、すっかりマウチの虜になり、次から次へと編み続けているそうです。

編み方のデモンストレーションを見せてくれるギタさん。

ギタさんのマウチは独創的なデザインも多い。

丈が長く、親指用の穴が開いたハンドウォーマータイプ。

Lāsma Šembela
ラースマ シェムベラさん

編み物歴35年以上というラースマさんの最近のお気に入りはマウチ。「手仕事は人生のすべて」と言い切るラースマさんは、自作の編み物作品とともにもう15年も民芸市に参加しています。近年はお子さんたちもブースに立ち、かけがえのない時間を過ごしているそうです。

民芸市のブースでほほ笑むラースマさん。

マウチの他に、かぎ針編みの花のリボンも出品していた。

41

How to make

本書の作品は
すべてラトビアで制作されたものです。
そのため、材料に記載された糸やビーズは
あくまでも目安です。
実際に編む際は指定を参考にし、
好みの品を選んでください。

できあがりサイズは使用する糸やビーズ、
編む人の手加減によって変わります。
編む前には必ず試し編みをして、
ゲージを確認してください。

試し編みはすべてのビーズを
通す前に行うことで、
糸やビーズに変更が出た場合に
ビーズを通し直す手間を防ぐことができます。

編み方はP.30〜36の基礎テクニックや
ポイントプロセスも参考にしてください。

お日さまのマウチ *P.6*

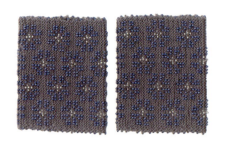

【材料と用具】
ビーズ　丸小相当のビーズ(青)2016個
　　　　丸大相当のビーズ(透明銀)288個
糸　合細相当の毛糸(ブルーグレー)　30g
針　1.25〜1.3mm棒針
【できあがりサイズ】　手首回り16cm、丈 10cm
【ゲージ】　ガーター編み　40目×90段

【編み方】
1. 編み始める前に、糸にビーズを通しておく。
2. 作り目をし(P.32)、図を参照してビーズを編み入れながらガーター編みで編む。
3. 編み終わりは伏せ止めにする。
4. 編み始めと編み終わりを外表につき合わせ、編み終わりの糸をとじ針に通し、端の目を交互にすくってはぐ。

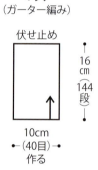

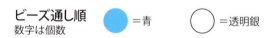

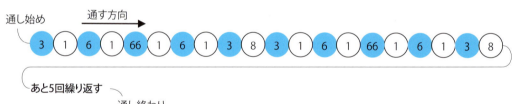

マウチの編み方

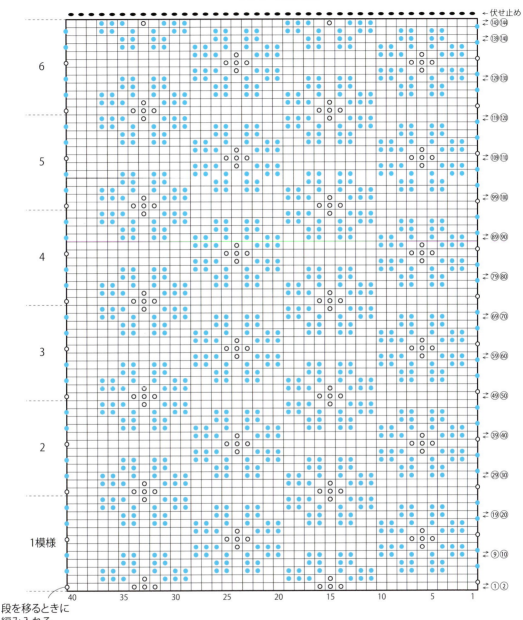

段を移るときに
編み入れる
(P.35参照)　☐ = ↔ } 2段1模様

ビーズの配色

☐● = 青
☐○ = 透明銀
※ビーズは裏の段で編み入れる

45

バラのマウチ P.7

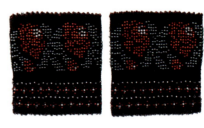

【材料と用具】

ビーズ　丸小相当のビーズ（赤）872個
　　　　丸小相当のビーズ（濃赤）320個
　　　　丸小相当のビーズ（緑）824個
　　　　丸小相当のビーズ（透明銀）240個
　　　　丸大相当のビーズ（透明銀）144個

糸　合細相当の毛糸（黒）25g

針　1.25～1.3mm棒針

【できあがりサイズ】　手首回り17cm、丈9.5cm

【ゲージ】　ガーター編み　43目×93段

【編み方】

1. 編み始める前に、糸にビーズを通しておく。
2. 作り目をし（P.32）、図を参照してビーズを編み入れながらガーター編みで編む。
3. 編み終わりは伏せ止めにする。
4. 編み始めと編み終わりを外表につき合わせ、編み終わりの糸をとじ針に通し、端の目を交互にすくってはぐ。

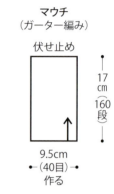

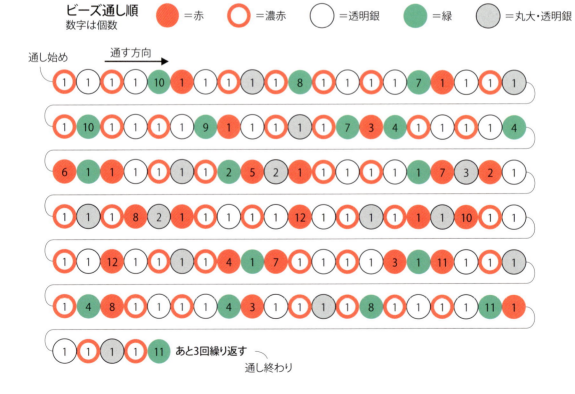

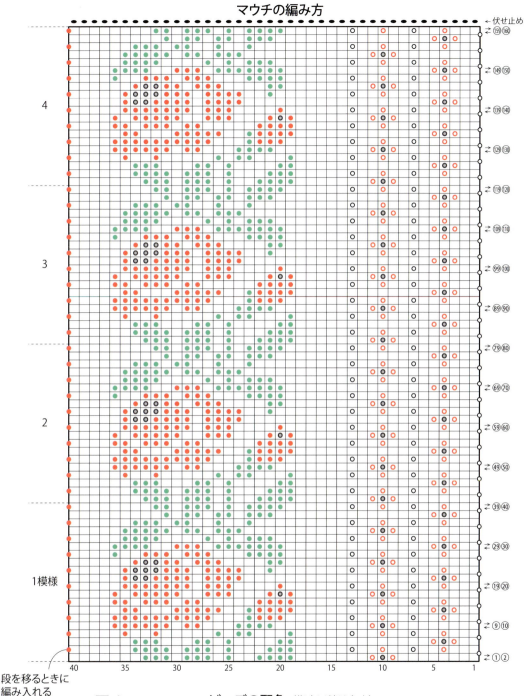

47

マーラス・クルスツのマウチ P.8

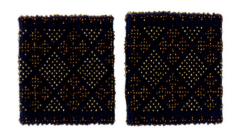

【材料と用具】

ビーズ　丸小相当のビーズ(透明茶)1380個
　　　　丸小相当のビーズ(金)950個
　　　　丸小相当のビーズ(緑)80個

糸　合細相当の毛糸(青)　27g

針　1.25〜1.3mm棒針

【できあがりサイズ】　手首回り17.5cm、丈9.5cm

【ゲージ】　ガーター編み　40目×91.5段

【編み方】

1. 編み始める前に、糸にビーズを通しておく。
2. 作り目をし(P.32)、図を参照してビーズを編み入れながらガーター編みで編む。
3. 編み終わりは伏せ止めにする。
4. 編み始めと編み終わりを外表につき合わせ、編み終わりの糸をとじ針に通し、端の目を交互にすくってはぐ。

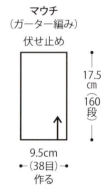

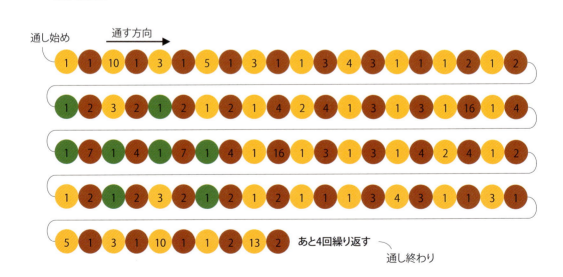

48

マウチの編み方

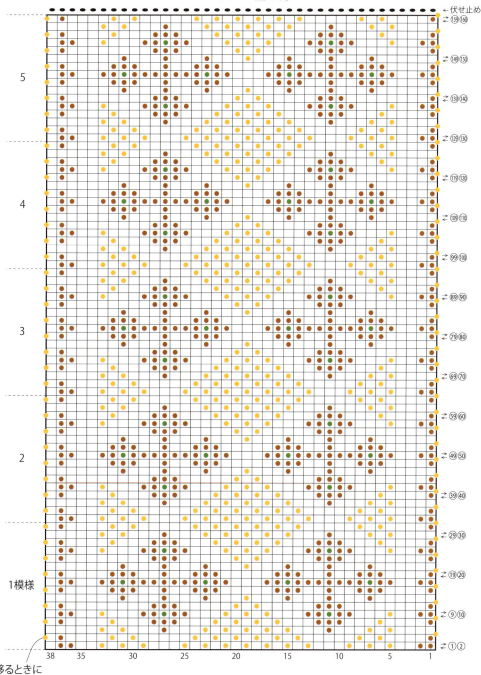

ビーズの配色
- ○ = 金
- ● = 透明茶
- ● = 緑

※ビーズは裏の段で編み入れる

文様3種のマウチ P.10

【材料と用具】
ビーズ　丸小相当のビーズ（銀青）912個
　　　　丸小相当のビーズ（茶）1088個
　　　　丸大相当のビーズ（黒）160個
糸　合細相当の毛糸（濃紺）　30g
針　1.25～1.3mm棒針
【できあがりサイズ】　手首回り16cm、丈12.5cm
【ゲージ】　ガーター編み　49目×100段

【編み方】
1. 編み始める前に、糸にビーズを通しておく。
2. 作り目をし（P.32）、図を参照してビーズを編み入れながらガーター編みで編む。
3. 編み終わりは伏せ止めにする。
4. 編み始めと編み終わりを外表につき合わせ、編み終わりの糸をとじ針に通し、端の目を交互にすくってはぐ。

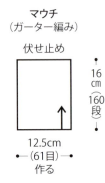

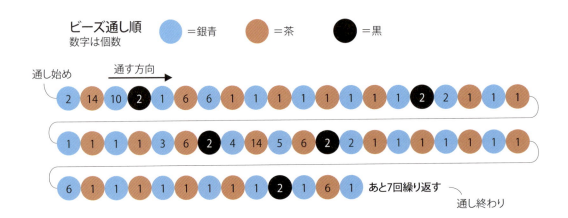

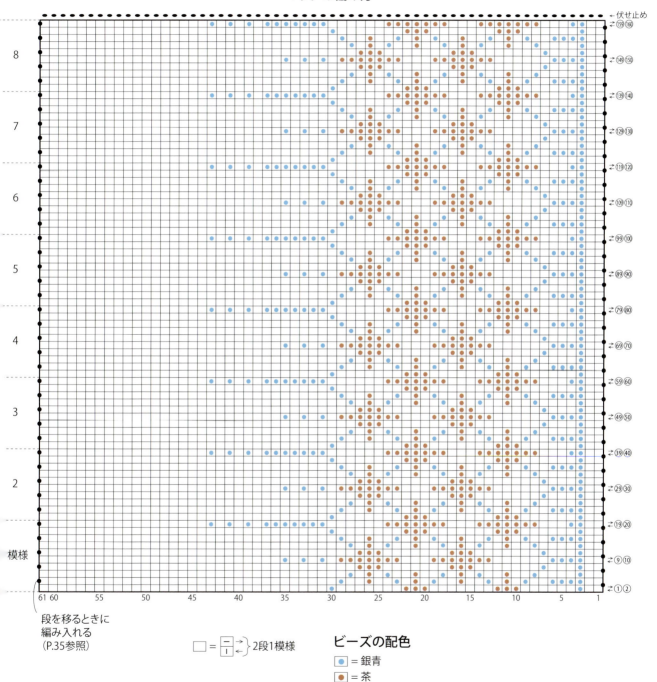

アウセクリスのマウチ P.11

【材料と用具】

ビーズ　丸小相当のビーズ（深緑）1236個
　　　　丸小相当のビーズ（茶）1148個
　　　　丸小相当のビーズ（緑）768個
　　　　丸小相当のビーズ（黄緑）192個

糸　　合細相当の毛糸（グレー）　30g

針　　1.25〜1.3mm棒針

【できあがりサイズ】　手首回り17cm、丈13.5cm

【ゲージ】　ガーター編み　41.5目×84段

【編み方】

1. 編み始める前に、糸にビーズを通しておく。
2. 作り目をし（P.32）、図を参照してビーズを編み入れながらガーター編みで編む。
3. 編み終わりは伏せ止めにする。
4. 編み始めと編み終わりを外表につき合わせ、編み終わりの糸をとじ針に通し、端の目を交互にすくってはぐ。

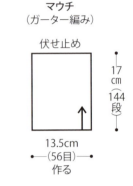

マウチ
（ガーター編み）

ビーズ通し順
数字は個数

＝緑　＝茶　＝黄緑　＝深緑

通し始め　通す方向→

マウチの編み方

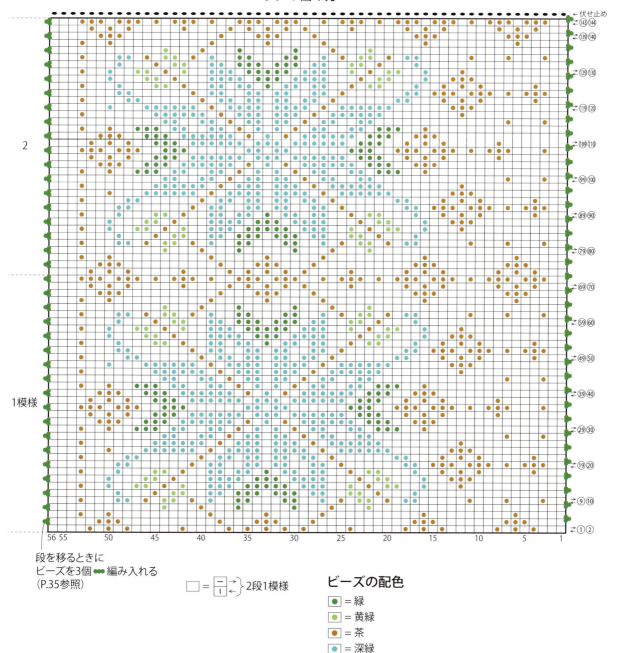

段を移るときに
ビーズを3個 ●●● 編み入れる
（P.35参照）

□ = 2段1模様

ビーズの配色

● = 緑
● = 黄緑
● = 茶
● = 深緑

※ビーズは裏の段で編み入れる

53

ユミスとマーラス・クルスツのマウチ P.14

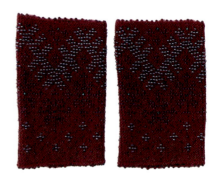

【材料と用具】

ビーズ　丸小相当のビーズ（銀青）1230個
　　　　丸小相当のビーズ（あずき）1062個
　　　　丸小相当のビーズ（黒）144個
　　　　丸小相当のビーズ（緑）24個

糸　合細相当の毛糸（ボルドー）25g

針　1.25～1.3mm棒針

【できあがりサイズ】　手首回り15cm、丈12cm

【ゲージ】　ガーター編み　42.5目×96段

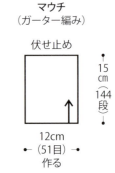

【編み方】

1. 編み始める前に、糸にビーズを通しておく。
2. 作り目をし（P.32）、図を参照してビーズを編み入れながらガーター編みで編む。
3. 編み終わりは伏せ止めにする。
4. 編み始めと編み終わりを外表につき合わせ、編み終わりの糸をとじ針に通し、端の目を交互にすくってはぐ。

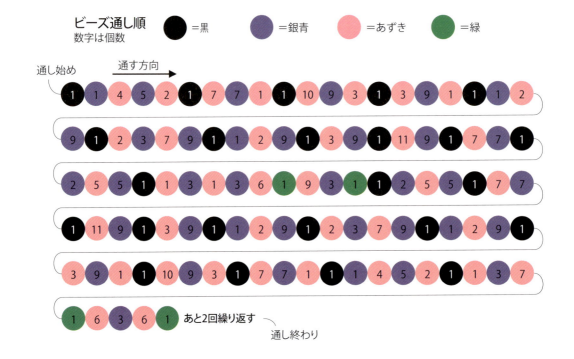

マウチの編み方

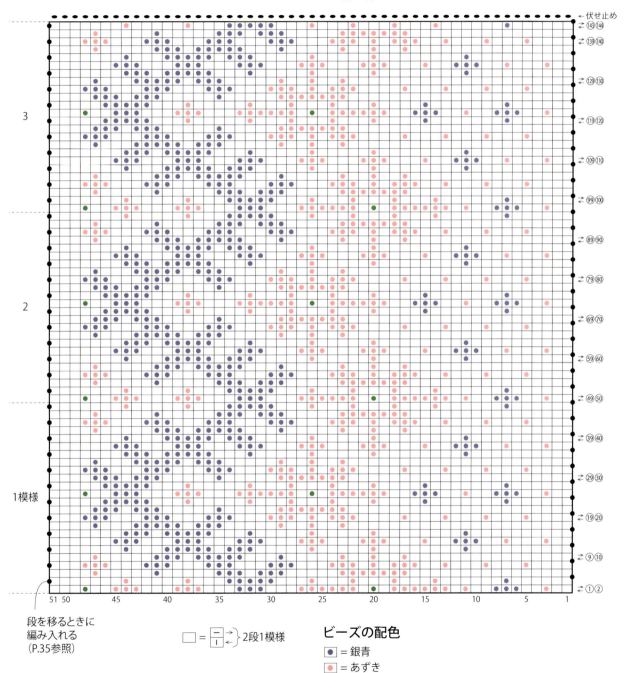

段を移るときに
編み入れる
(P.35参照)

□ = ニ／｜ → 2段1模様

ビーズの配色

- ● = 銀青
- ● = あずき
- ● = 黒
- ● = 緑

※ビーズは裏の段で編み入れる

55

創作文様のマウチ P.16

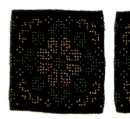

【材料と用具】

ビーズ　　丸小相当のビーズ（金）1088個
　　　　　丸小相当のビーズ（緑）952個
　　　　　丸小相当のビーズ（赤）32個

糸　合細相当の毛糸（深緑）　20g

針　1.4mm棒針

【できあがりサイズ】　手首回り17.5cm、丈9cm

【ゲージ】　ガーター編み　42目×83段

【編み方】

1. 編み始める前に、糸にビーズを通しておく。
2. 作り目をし（P.32）、図を参照してビーズを編み入れながらガーター編みで編む。
3. 編み終わりは伏せ止めにする。
4. 編み始めと編み終わりを外表につき合わせ、編み終わりの糸をとじ針に通し、端の目を交互にすくってはぐ。

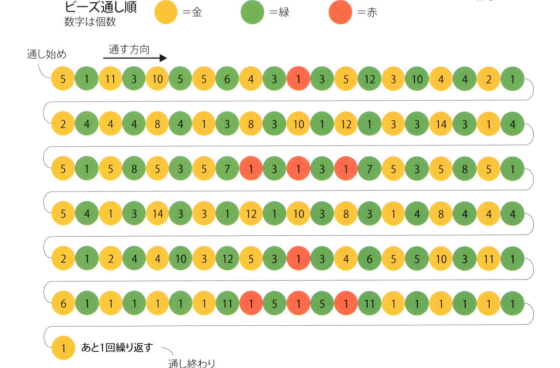

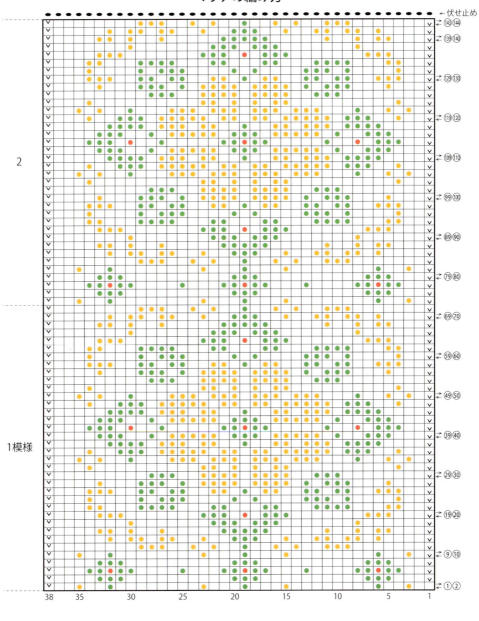

お日さまとジグザグのマウチ P.20

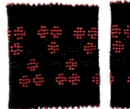

【材料と用具】
ビーズ　丸小相当のビーズ(赤) 860個
　　　　丸小相当のビーズ(緑) 380個
　　　　丸小相当のビーズ(黒) 440個
糸　合細相当の毛糸(黒)　20g
針　1.25～1.3mm棒針
【できあがりサイズ】　手首回り15cm、丈8cm
【ゲージ】　ガーター編み　43.5目×92段

【編み方】
1. 編み始める前に、糸にビーズを通しておく。
2. 作り目をし(P.32)、図を参照してビーズを編み入れながらガーター編みで編む。
3. 編み終わりは伏せ止めにする。
4. 編み始めと編み終わりを外表につき合わせ、編み終わりの糸をとじ針に通し、端の目を交互にすくってはぐ。

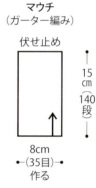

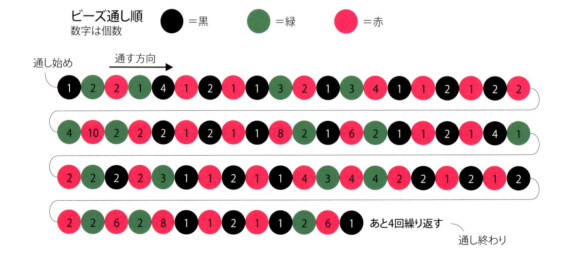

58

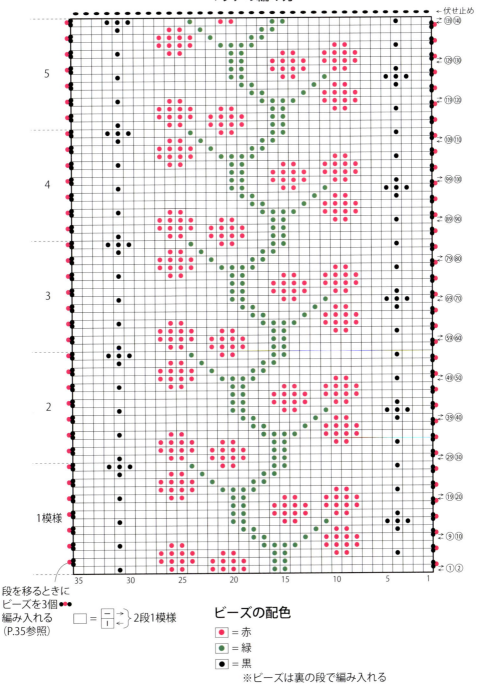

スリーパイス・クルスツの３Ｄマウチ *P.26*

【材料と用具】
ビーズ　丸小相当のビーズ（濃赤）2484個
　　　　丸小相当のビーズ（青）1812個
糸　合細相当の毛糸（淡グレー）　35g
針　1.5mm棒針
【できあがりサイズ】　手首回り18cm、丈13.5cm
【ゲージ】　ガーター編み　38.5目×80段

【編み方】
1. 編み始める前に、糸にビーズを通しておく。
2. 作り目をし（P.32）、図を参照してビーズを編み入れながらガーター編みで編む。
3. 編み終わりは伏せ止めにする。
4. 編み始めと編み終わりを外表につき合わせ、編み終わりの糸をとじ針に通し、端の目を交互にすくってはぐ。

マウチ
（ガーター編み）

伏せ止め

18cm
(144段)

13.5cm
(52目)
作る

ビーズ通し順
数字は個数　＝青　＝濃赤

通し始め　　通す方向 →

1段目：1 3 6 6 6 3 2 3 5 7 5 2 3 2 3 9 3 3 2 1
2段目：2 3 2 5 3 2 5 2 3 5 3 2 1 2 2 3 4 3 6
3段目：2 3 4 3 2 2 24 3 2 3 2 3 3 3 2 3 6 2 3
4段目：4 3 3 5 2 3 5 3 2 3 2 3 9 3 3 4 7 3 7
5段目：7 6 3 6 8 3 6 3 8 6 3 5 7 3 7 4 3 9
6段目：3 3 2 5 2 3 2 5 2 3 3 2 6 2 3 4 3
7段目：2 6 2 3 3 24 2 2 2 3 4 2 6 2 3 4 3 3 2 2
8段目：2 1 2 3 5 2 3 2 3 3 2 1 3 3 3 9 3
9段目：2 3 5 7 5 2 3 6 2 3 6 2 3 6 6 3 1

あと2回繰り返す
通し終わり

マウチの編み方

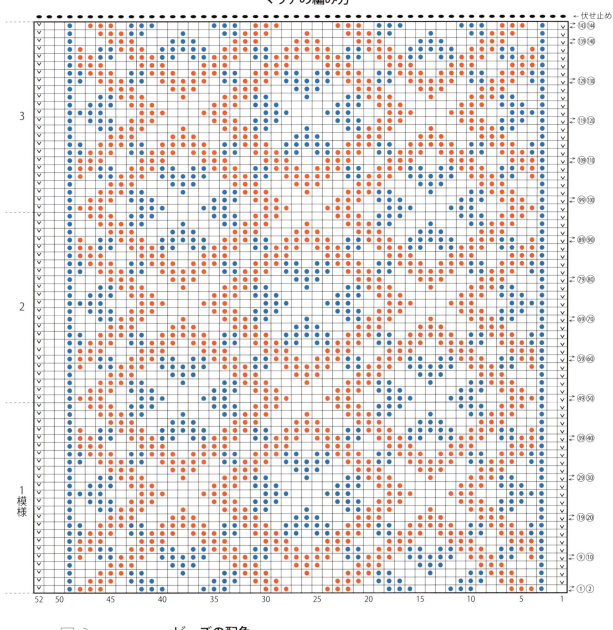

ビーズの配色
● = 青
● = 濃赤
※ビーズは裏の段で編み入れる

アウセクリスのアレンジマウチ *P.28*

【材料と用具】
ビーズ　丸大相当のビーズ(濃ピンク) 1440個
　　　　丸小相当のビーズ(ピンク) 1176個
　　　　丸小相当のビーズ(緑) 900個
糸　合細相当の毛糸(くすみピンク)　30g
針　1.25〜1.3mm棒針
【できあがりサイズ】　手首回り16.5cm、丈13.5cm
【ゲージ】　ガーター編み　42目×94.5段

【編み方】
1. 編み始める前に、糸にビーズを通しておく。
2. 作り目をし(P.32)、図を参照してビーズを編み入れながらガーター編みで編む。
3. 編み終わりは伏せ止めにする。
4. 編み始めと編み終わりを外表につき合わせ、編み終わりの糸をとじ針に通し、端の目を交互にすくってはぐ。

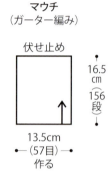

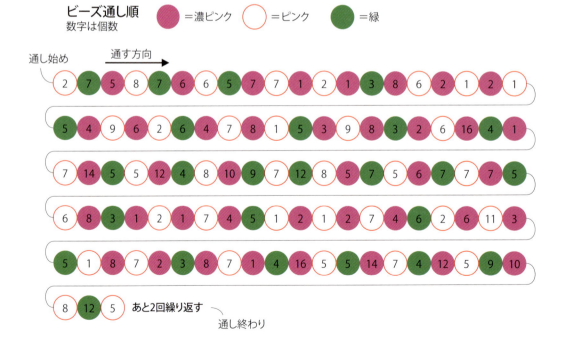

マウチの編み方

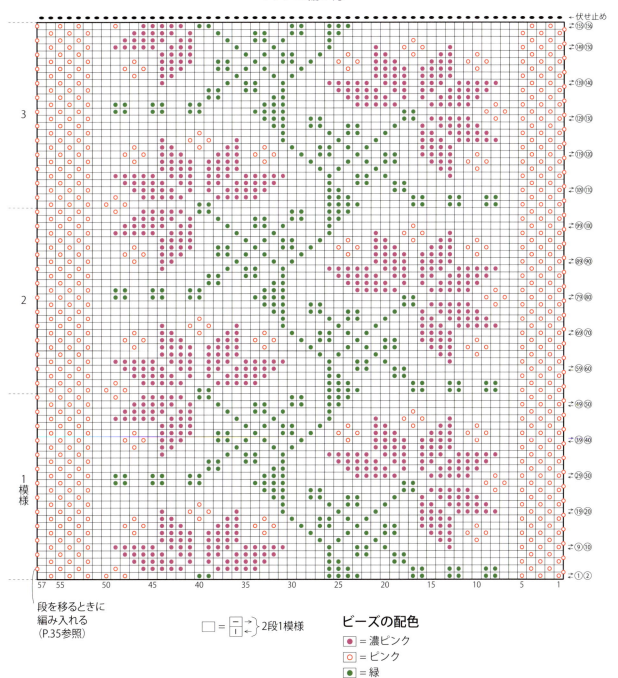

クロスとサウレのマウチ P.17

【材料と用具】
ビーズ　丸小相当のビーズ(銀)1350個
　　　　丸小相当のビーズ(透明茶)864個
糸　合細相当の毛糸(ベージュ)　25g
針　1.25〜1.3mm棒針
【できあがりサイズ】　手首回り16cm、丈11cm
【ゲージ】　ガーター編み　45.5目×90段

【編み方】
1. 編み始める前に、糸にビーズを通しておく。
2. 作り目をし(P.32)、図を参照してビーズを編み入れながらガーター編みで編む。
3. 編み終わりは伏せ止めにする。
4. 編み始めと編み終わりを外表につき合わせ、編み終わりの糸をとじ針に通し、端の目を交互にすくってはぐ。

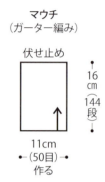

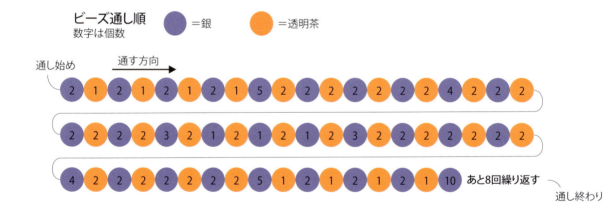

64

マウチの編み方

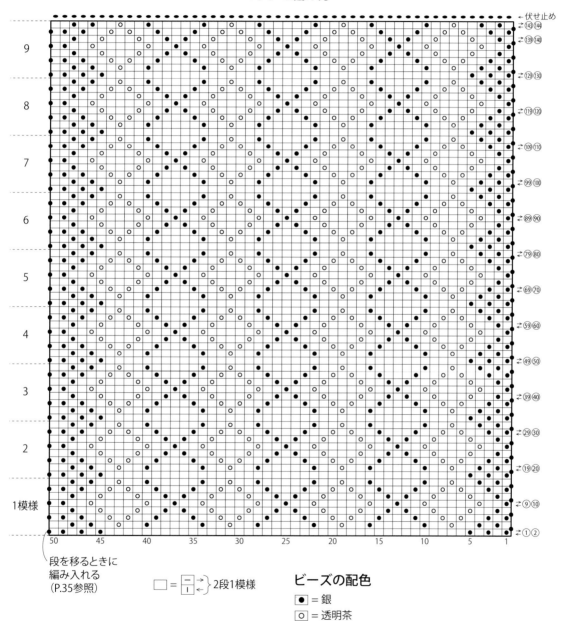

段を移すときに
編み入れる
（P.35参照）

□ = $\begin{smallmatrix}-\rightarrow\\ \leftarrow|\end{smallmatrix}$ } 2段1模様

ビーズの配色

● = 銀
○ = 透明茶

※ビーズは裏の段で編み入れる

ビーズスカラップの創作マウチ P.12

【材料と用具】
ビーズ　丸大相当のビーズ(金) 1000個
糸　合太相当の毛糸(濃紺) 40g
針　1.6mm棒針(4本針)
【できあがりサイズ】　手首回り16cm、丈12cm
【ゲージ】　ガーター編み　25目×49段

【編み方】＊輪で編む。
1. 編み始める前に、糸にビーズを通しておく。
2. 作り目をし(P.36)、図を参照してビーズを編み入れながらガーター編みで輪に編む。サイズに合うように、やや緩めに編む。
3. 編み終わりは裏目の伏せ止めにする。

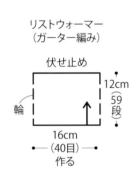

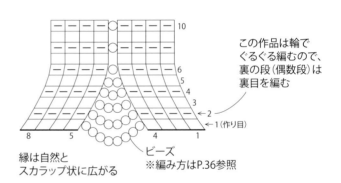

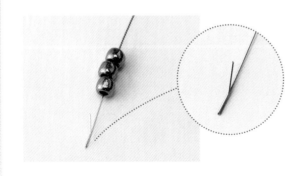

あると便利なビーズ通し針

針先がフック状になっているビーズ通し針は、バラビーズの中で上下させるだけで針にビーズが通るので便利。単色ビーズを数多く通すときにおすすめです。
サクサクビーズ通し針／クロバー　P.80

リストウォーマーの編み方

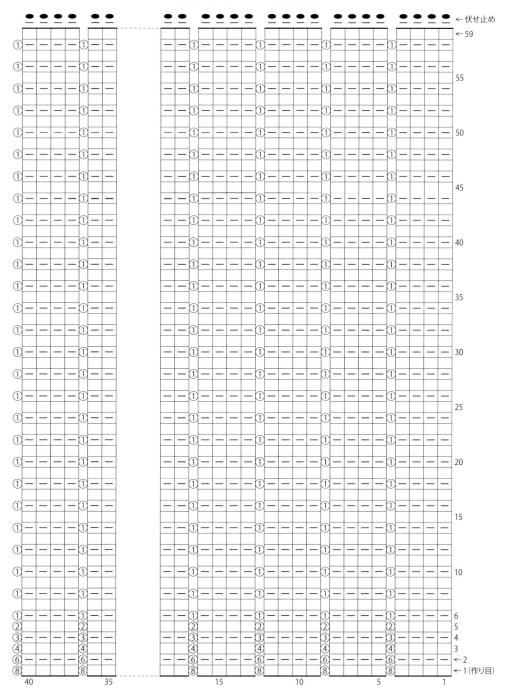

□ = | ⑧ = ビーズ（数字は個数）

ザルクティスのマウチ P.15

【材料と用具】

ビーズ　丸小相当のビーズ(銀青) 2640個

糸　合細相当の毛糸(グレー) 30g

針　1.5mm棒針

【できあがりサイズ】　手首回り17cm、丈9.5cm

【ゲージ】　ガーター編み　44目×92段

【編み方】

1. 編み始める前に、糸にビーズを通しておく。
2. 作り目をし(P.32)、図を参照してビーズを編み入れながらガーター編みで編む。
3. 編み終わりは伏せ止めにする。
4. 編み始めと編み終わりを外表につき合わせ、編み終わりの糸をとじ針に通し、端の目を交互にすくってはぐ。

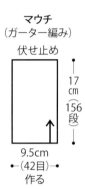

60段1模様(全体で2模様と36段)
1模様分のビーズ数は508個

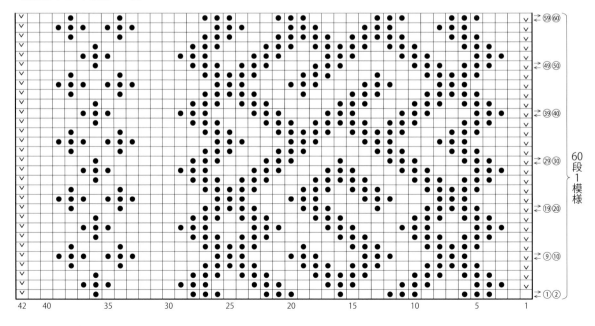

マウチの編み方

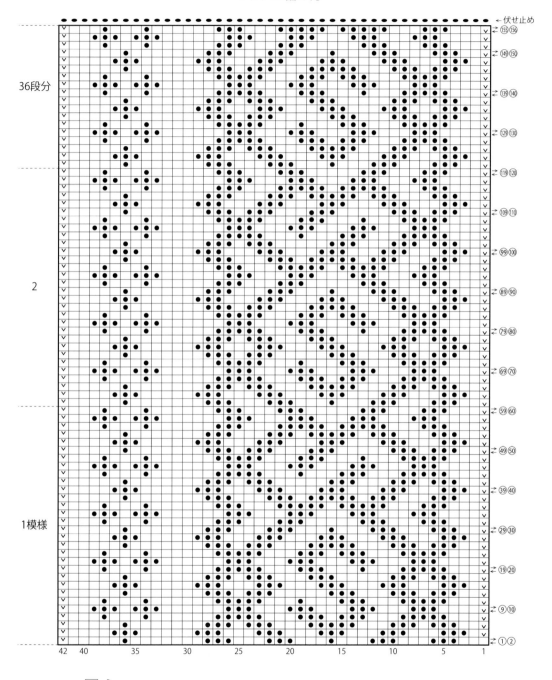

□ = ― ↱2段1模様
● = ビーズ
※ビーズは裏の段で編み入れる

サウレとマーラのマウチ P.22

【材料と用具】
ビーズ　丸小相当のビーズ(茶) 2000個
糸　合細相当の毛糸(青緑)　35g
針　1.4mm棒針
【できあがりサイズ】　手首回り17.5cm、丈12.5cm
【ゲージ】　ガーター編み　34.5目×73段

【編み方】
1. 編み始める前に、糸にビーズを通しておく。
2. 作り目をし(P.32)、図を参照してビーズを編み入れながらガーター編みで編む。
3. 編み終わりは伏せ止めにする。
4. 編み始めと編み終わりを外表につき合わせ、編み終わりの糸をとじ針に通し、端の目を交互にすくってはぐ。

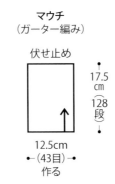

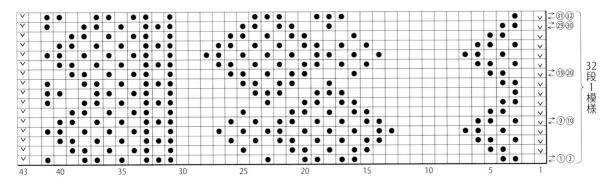

32段1模様（全体で4模様）
1模様分のビーズ数は250個

マウチの編み方

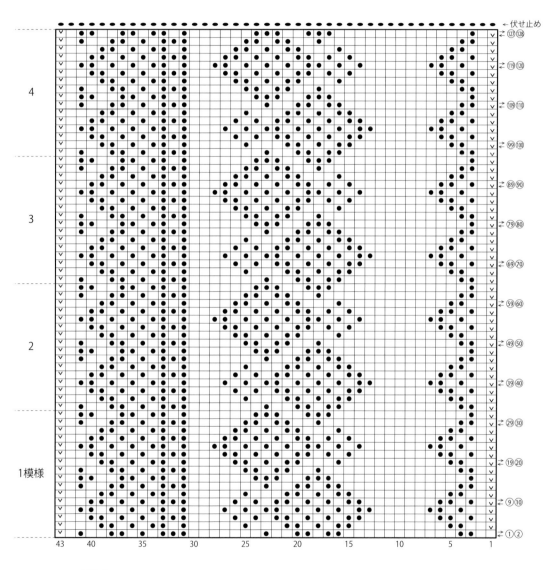

□ = $\begin{smallmatrix}-\rightarrow\\\leftarrow|\end{smallmatrix}$ }2段1模様　● = ビーズ
※ビーズは裏の段で編み入れる

ウグンスクルスツのマウチ P.23

【材料と用具】

ビーズ　丸大相当のビーズ(白)1060個

糸　中細相当の毛糸(えんじ)　25g

針　1.5mm棒針

【できあがりサイズ】　手首回り16cm、丈10cm

【ゲージ】　ガーター編み　38目×80段

【編み方】

1. 編み始める前に、糸にビーズを通しておく。
2. 作り目をし(P.32)、図を参照してビーズを編み入れながらガーター編みで編む。
3. 編み終わりは伏せ止めにする。
4. 編み始めと編み終わりを外表につき合わせ、編み終わりの糸をとじ針に通し、端の目を交互にすくってはぐ。

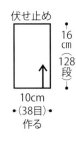

マウチ
(ガーター編み)

中央の大きい模様を入れない場合
16段1模様(全体で8模様)
1模様分のビーズ数は64個
(マウチ1組の総ビーズ数は1024個)

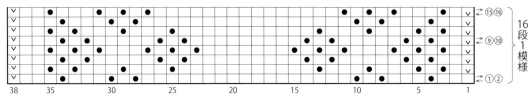

マウチの編み方

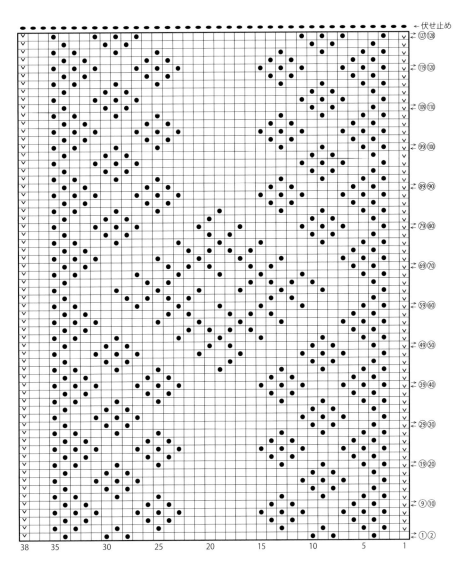

□ = ニ ↓ } 2段1模様
     I ↑

● = ビーズ
※ビーズは裏の段で編み入れる

バラのロングマウチ P.24

【材料と用具】

ビーズ　丸小相当のビーズ(玉虫) 1440個

糸　合細相当の毛糸(黒)　52g

針　1.5mm棒針

【できあがりサイズ】　手首回り18cm、丈17cm

【ゲージ】　ガーター編み　38目×73.5段

【編み方】

1. 編み始める前に、糸にビーズを通しておく。
2. 作り目をし(P.32)、図を参照してビーズを編み入れながらガーター編みで編む。
3. 編み終わりは伏せ止めにする。
4. 編み始めと編み終わりを外表につき合わせ、編み終わりの糸をとじ針に通し、端の目を交互にすくってはぐ。

ショート丈アレンジ

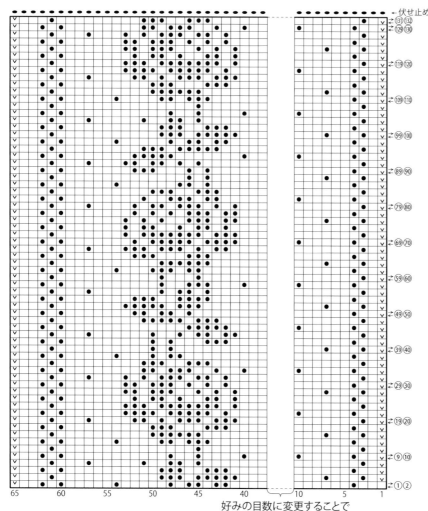

好みの目数に変更することで
丈の変更が可能

マウチ
(ガーター編み)

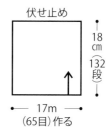

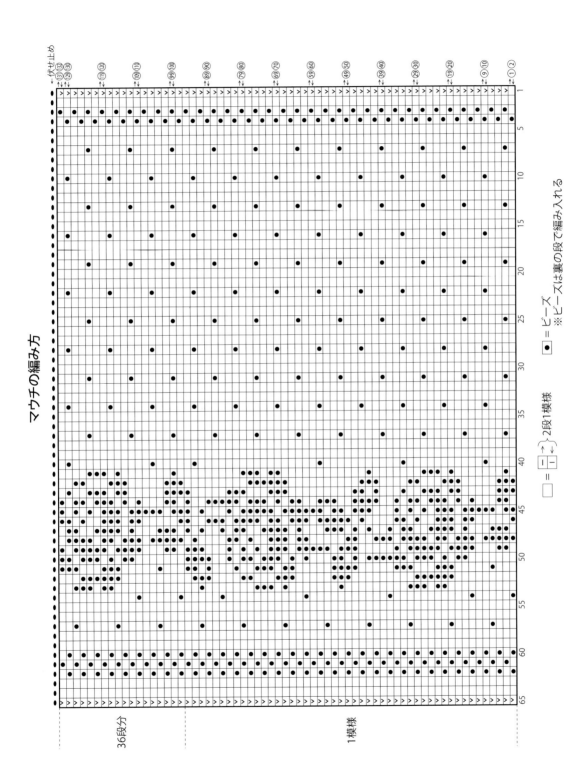

センターサウレのマウチ P.27

【材料と用具】

ビーズ　丸小相当のビーズ(青緑) 1956個

糸　合細相当の毛糸(グレー)　25g

針　1.5mm棒針

【できあがりサイズ】　手首回り17cm、丈 8cm

【ゲージ】　ガーター編み　45目×99段

【編み方】

1. 編み始める前に、糸にビーズを通しておく。
2. 作り目をし(P.32)、図を参照してビーズを編み入れながらガーター編みで編む。
3. 編み終わりは伏せ止めにする。
4. 編み始めと編み終わりを外表につき合わせ、編み終わりの糸をとじ針に通し、端の目を交互にすくってはぐ。

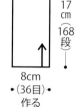

マウチ
(ガーター編み)

マウチの編み方

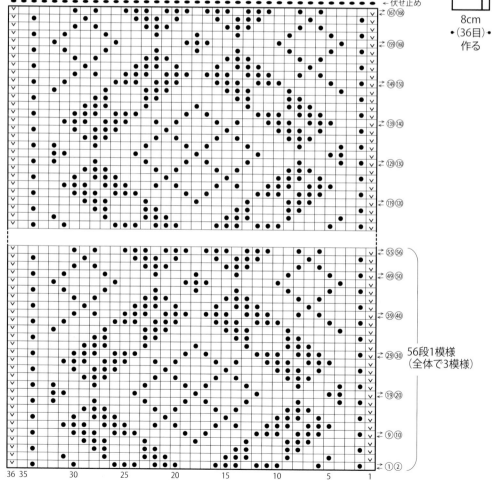

□ = $\frac{-}{1}$ } 2段1模様　　● = ビーズ

※ビーズは裏の段で編み入れる

メーネス・クルスツのマウチ P.18

【材料と用具】
ビーズ　丸小相当のビーズ(赤) 1584個
糸　合細相当の毛糸(白)　20g
針　1.5mm棒針

【できあがりサイズ】　手首回り18cm、丈 8cm
【ゲージ】　ガーター編み　40目×80段

【編み方】
1. 編み始める前に、糸にビーズを通しておく。
2. 作り目をし(P.32)、図を参照してビーズを編み入れながらガーター編みで編む。
3. 編み終わりは伏せ止めにする。
4. 編み始めと編み終わりを外表につき合わせ、編み終わりの糸をとじ針に通し、端の目を交互にすくってはぐ。

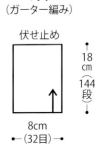

マウチ
(ガーター編み)

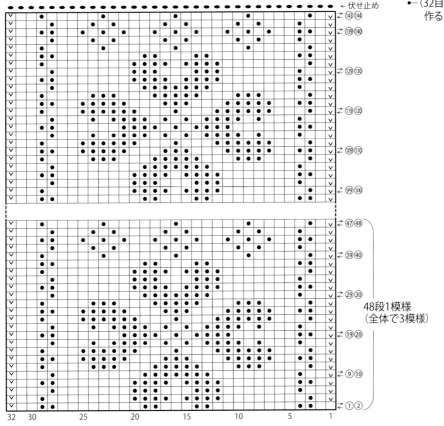

マウチの編み方

□ = ─→　2段1模様
　　 ←─
● = ビーズ
※ビーズは裏の段で編み入れる

77

ラトビアの文様

デザインに用いられる文様は、ラトビアの自然や神話（もしくは自然を敬うラトビアの民俗信仰）に登場する神々を表しています。

Saule
サウレ

サウレは太陽の女神で、永遠の生命と世界をつかさどる大きな流れの象徴です。単純な菱形や円をはじめ、8つのパーツを持つ花のような形も太陽のシンボルとして使われます。

Auseklis
アウセクリス

星の文様の中でも、特に有名なのがアウセクリス。明けの明星を表し、夜の闇を退ける光は悪しきものから身を守る力があると考えられ人気があります。

Mēness
メーネス

メーネスは月の神様。戦士を守り、親を失った子どもたちを助けるといわれ、男性の装飾品や衣類によく用いられています。4つ組み合わせたものは月の十字とも呼びます。

Jumis
ユミス

ユミスは豊穣と繁栄の神様。人々の幸福と豊かな恵みを表し、通常は男性用の装飾として好まれました。2本の穀物等を交差させた形をしています。

Māra
マーラ

マーラは女性、特に母親と子どもを守護し、健康をつかさどる女神です。出生のとき、子どもたちはマーラの門を通ってこの世界にやってくるといわれています。

Zalktis
ザルクティス

蛇を表す文様。蛇は聖なる生き物として尊ばれ、知恵の象徴でもあります。ミトンやショールの縁を飾るボーダー柄としても多く見られます。

Krusts
Slīpais krusts
クルスツ、スリーパイス・クルスツ

十字（クルスツ）は幸せを運ぶ文様。水平の十字が秩序のある静的な力なのに対し、傾いたものはバランスのよい動的な力を表します。

Māras krusts
マーラス・クルスツ

十字が二重に重なったものはマーラのクロスと呼ばれ、力を強めるだけでなく、日用品に使うことでマーラのご加護を得ることができるといわれています。

Ugunskrusts
ウグンスクルスツ

雷を表す鉤十字の文様。幸福、天からの恵み、繁栄と成功の象徴です。人々は災いから身を守るためにミトンや靴下、シャツなどにこの文様を施しました。

編み目記号＆編み方

指でかける作り目
※P.32ではノットを作らない作り目を紹介していますが、一般的な指でかける作り目でもかまいません。

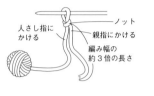
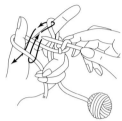

表目 │

裏目 ─

ねじり目 Ω

すべり目 V

目を編まずに右針へ移し、編み糸を後ろに渡す

※基本のマウチの編み方で使うすべり目は P.32 参照

メリヤスはぎ

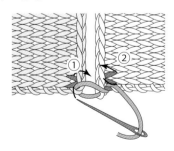

伏せ止め

※裏目の伏せ止めは裏目を編んでかぶせていく

著者
LIEPA

編集者／中田早苗、フォトグラファー／蜂巣文香、ラトビア雑貨専門店「SUBARU」オーナー・溝口明子によるエディトリアルトリオ。著書に『ラトビアのミトン200』（誠文堂新光社）がある。

STAFF
編集　中田早苗
撮影　蜂巣文香
コーディネート・執筆　溝口明子（P.38-41 執筆&撮影一部）
装丁・デザイン　橘川幹子
スタイリング　鈴木亜希子
ヘアメイク　山田ナオミ
モデル　Kathleen
製図・トレース　ミドリノクマ
基礎イラスト　小池百合穂（P.79）
校閲　野中良美
編集協力　庄司靖子
ラトビア取材協力　Agnese Voicehovska
進行　古池日香留

素材協力
トーホー株式会社
広島県広島市西区三篠町 2-19-19
TEL 082-237-5151
http://www.toho-beads.co.jp

用具協力
クロバー株式会社
大阪府大阪市東成区中道 3-15-5
TEL 06-6978-2277（お客様係）
https://clover.co.jp

チューリップ株式会社
広島県広島市西区楠木町 4-19-8
TEL 082-238-1144
https://www.tulip-japan.co.jp

撮影協力
nest Robe 表参道店
東京都渋谷区神宮前 4-4-8
TEL 03-6438-0717

ミア ハットアンドアクセサリー
(Mia Hat & Accessory)
山梨県北杜市高根町箕輪 578
TEL 0551-37-5242
https://miahat.com

手首を温めるラトビア伝統ニットの編み方と模様

手編みのマウチ
ビーズを編み込むリストウォーマー

2024 年 11 月 15 日　発行　　　　　　　　　NDC594

著　者　　LIEPA（リエパ）
発　行　者　　小川雄一
発　行　所　　株式会社 誠文堂新光社
　　　　　　　〒113-0033 東京都文京区本郷 3-3-11
　　　　　　　https://www.seibundo-shinkosha.net/
印刷・製本　　株式会社 大熊整美堂

©Sanae Nakata, Ayako Hachisu, Akiko Mizoguchi. 2024　　Printed in Japan

本書掲載記事の無断転用を禁じます。

落丁本・乱丁本の場合はお取り替えいたします。

本書の内容に関するお問い合わせは、小社ホームページのお問い合わせフォームをご利用ください。

本書に掲載された記事の著作権は著者に帰属します。これらを無断で使用し、展示・販売・レンタル・講習会などを行うことを禁じます。

[JCOPY] <（一社）出版者著作権管理機構　委託出版物>
本書を無断で複製複写（コピー）することは、著作権法上での例外を除き、禁じられています。本書をコピーされる場合は、そのつど事前に、（一社）出版者著作権管理機構（電話 03-5244-5088 ／ FAX 03-5244-5089 ／ e-mail：info@jcopy.or.jp）の許諾を得てください。

ISBN978-4-416-52477-0